BEI GRIN MACHT SICH II
WISSEN BEZAHLT

- Wir veröffentlichen Ihre Hausarbeit,
  Bachelor- und Masterarbeit

- Ihr eigenes eBook und Buch -
  weltweit in allen wichtigen Shops

- Verdienen Sie an jedem Verkauf

Jetzt bei www.GRIN.com hochladen
und kostenlos publizieren

Mathis Much

Widerstand in Norwegen im II. Weltkrieg

GRIN Verlag

Bibliografische Information der Deutschen Nationalbibliothek:

Die Deutsche Bibliothek verzeichnet diese Publikation in der Deutschen National-
bibliografie; detaillierte bibliografische Daten sind im Internet über http://dnb.d-
nb.de/ abrufbar.

Impressum:

Copyright © 2011 GRIN Verlag GmbH
Druck und Bindung: Books on Demand GmbH, Norderstedt Germany
ISBN: 978-3-656-72613-5

Dieses Buch bei GRIN:

http://www.grin.com/de/e-book/279688/widerstand-in-norwegen-im-ii-weltkrieg

Inhaltsverzeichnis

1. Einleitung

Am 9.4.1940 überfiel die deutsche Wehrmacht in der Operation „Weserübung" Norwegen, was zum einen wegen seiner Eisenerzvorkommen von deutschem Interesse war[1] und zum anderen für die Kriegsführung eine immense strategische Bedeutung besaß. Der deutschen Marine garantierte die Okkupation Norwegens – und auch Dänemarks – die Hoheit über die Gewässer der Ost- und Nordsee, sowie einen Zugang zum Atlantik und zum Nordmeer. Deutschland verfügte somit über strategisch wichtiges Territorium für weitere Auseinandersetzungen mit Großbritannien und für einen geplanten Überfall auf die Sowjetunion.[2] Da die Einwohner Norwegens aufgrund ihrer 'Rassenverwandtschaft' zum deutschen Volk ohnehin für die nationalsozialistische Weltanschauung offen wären,[3] konnte die Umsetzung einer Besatzungspolitik wie in den osteuropäischen Gebieten aus ideologischen Gründen nicht stattfinden. Sie war von Beginn an im Zwiespalt von ideologischen Vorgaben und militärischen bzw. kriegswirtschaftlichen Notwendigkeiten.[4] Dargestellt als Schutzmaßnahme für die Neutralität Norwegens vor den Alliierten und dem Bolschewismus besetzten bald 350.000 bis 400.000 Soldaten der Wehrmacht[5] ein Gebiet, welches zu dieser Zeit rund drei Millionen Einwohner zählte. Ein Umstand, der für die Widerstandsarbeit sehr ungünstig war, da dies die ungefähre Zahl der Einwohner Bergens und Oslos, der beiden größten Städte Norwegens, zusammen ergab. Unmittelbar nach dem Einmarsch begann die Umgestaltung der Regierung nach deutschem Muster. Es wurde von den Deutschen keine an die „Regeln des Kriegsvölkerrechts gebundene Besatzungsherrschaft in Form einer Militärverwaltung" angestrebt, sondern eine „dauerhafte gesellschaftliche und politische Gleichschaltung Norwegens mit einer künftigen staatlich-territorialen Bindung an das Reich".[6] Mit der „Einsetzung der so genannten NS-Staatsräte[7], sowie des Verbots aller

[1] MAERZ, Susanne: Die langen Schatten der Besatzungszeit. Vergangenheitsbewältigung in Norwegen als Identitätskurs (Nordeuropäische Studien, Bd. 20), Berlin 2008, S. 47.
[2] PETRICK, Fritz: Die Okkupationspolitik des deutschen Faschismus in Dänemark und Norwegen (1940-1945) (Bd.7), Berlin 1992, S. 27.
[3] ROSENBERG, Alfred nach BOHN, Robert: „Ein solches Spiel kennt keine Regeln.", Gestapo und Bevölkerung in Norwegen und Dänemark, in: Gerhard, Paul (Hrsg.): Die Gestapo – Mythos und Realität, Darmstadt 1995, S. 463.
[4] Vgl. ebd., S. 463.
[5] LENZ, Claudia: Haushaltspflicht und Widerstand. Erzählungen norwegischer Frauen über die deutsche Besatzung 1940-1945 im Lichte nationaler Vergangenheitskonstruktionen (Studien zum Nationalsozialismus in der Edition Diskord, Bd. 7), Tübingen 2003, S. 28.
[6] BOHN, Robert: Die Instrumentarien der deutschen Herrschaft im Reichskommissariat Norwegen, in: BOHN, Robert (Hrsg.): Die deutsche Herrschaft in den „germanischen" Ländern 1940-45 (Historische Mitteilungen Beihefte, Bd. 26), Stuttgart 1997, S. 107.
[7] Siehe dazu Mitteilung von Generaloberst Nikolaus v. Falkenhorst, in: PETRICK 1992, S. 89.

bisher bestehenden Parteien außer der Nasjonal Samling"[8] am 29.9.1940, wurde, wie es in Deutschland 1933 der Fall war, der Versuch einer Gleichschaltung aller politischen und gesellschaftlichen Bereiche, also des öffentlichen und privaten Lebens, Norwegens unternommen. Die *Nasjonal Samling* (NS), die faschistische Partei Norwegens stand unter der Führung Vidkun Quisling, verantwortlich für militärische Angelegenheiten wurde Wehrmachtsbefehlshaber Nikolaus von Falkenhorst und die Regierungsgewalt im zivilen Bereich übernahm Reichskommissar Josef Terboven[9], der direkt dem deutschen Regierungschef und Staatsoberhaupt Adolf Hitler unterstand. Die norwegische Bevölkerung empfand die Besetzung ihres Landes und damit die Einmischung der Deutschen in innerstaatliche Angelegenheiten als unrecht. Die Flucht Håkons VII. ins Londoner Exil und die weitere Inanspruchnahme der legitimierten Regierungsgewalt bestätigte das Volk in ihrem Willen sich nicht vor den deutschen Agitatoren zu beugen und forderte sie zum Durchhalten auf. Die regulären norwegischen Truppen indes kapitulierten am 10.6.1940 vor der deutschen Übermacht.

Auch wenn es zu einigen Überschneidungen der einzelnen Phasen des Widerstands kommt, so scheint es in der Geschichtswissenschaft üblich zu sein, eine chronologische Gliederung der Ereignisse während der fünf Beatzungsjahre in drei Phasen – aufgrund einer besseren Übersichtlichkeit – zu bevorzugen. Die zu unterscheidenden drei Widerstandsphasen beschreiben eine Entwicklung hin zur Radikalisierung der Maßnahmen im Kampf gegen die ökonomischen und militärischen Ressourcen der deutschen Okkupanten. Diese Entwicklung ist im Kontext des gesamten Kriegsverlaufs zu sehen, besonders im Hinblick auf die Gewissheit einer sich abzeichnenden deutschen Niederlage. Die erste Phase von 1940-1942 wird als Phase des zivilen Widerstandes, die zweite von 1942-44 als Phase des Widerstandes in Produktion und Verwaltung, die dritte von 1944-1945 als Phase des militärischen Widerstandes bezeichnet.[10] Es wird in dieser Arbeit auf die verschiedenen Formen des Widerstandes eingegangen, dargestellt, was unter Widerstand zu verstehen ist und welche Auswirkungen die verschieden Aktionen der Opposition im Kontext des internationalen Zweiten Weltkriegs und im Kontext innerstaatlicher norwegischer Angelegenheiten hatten.

---

[8] DAHM, Volker: Meldungen aus Norwegen 1940-1945. Die geheimen Lageberichte des Befehlshabers der Sicherheitspolizei und des SD in Norwegen (Texte und Materialien zur Zeitgeschichte, Bd. 6), München 2008, S. 559.

[9] Zum Aufbau des deutscher Okkupation und der norwegischen Marionettenregierung siehe BOHN, Robert: Die Instrumentarien der deutschen Herrschaft im Reichskommissariat Norwegen, in: BOHN, Robert (Hrsg.): Die deutsche Herrschaft in den „germanischen" Ländern 1940-45 (Historische Mitteilungen Beihefte, Bd. 26), Stuttgart 1997, S. 71-109.

[10] Vgl. HALVORSEN, Terje: Zwischen London und Berlin. Widerstand und Kollaboration in Norwegen 1940-45, in: BOHN, Robert (Hrsg.): Neutralität und totalitäre Aggression. Nordeuropa und die Großmächte im Zweiten Weltkrieg (Historische Mitteilungen Beihefte, Bd. 1), Stuttgart 1991, S. 337-353.

Des weiteren wird der Aufbau und die Organisation, vor allem des bewaffneten Widerstands, analysiert. Sowohl die Auseinandersetzung mit der Kraft des zivilen Widerstand als Symbol gegen die Tyrannei, als auch Formen des aktiven Widerstandes werden beleuchtet, wie er schon seit Beginn der Besatzung, ab 1943 vermehrt auch in vielen Berichten des BdSudSD (Befehlshaber der Sicherheitspolizei und des SD) zu finden ist und dort ganze Seiten der Monatsberichte füllt.

2. Die erste Phase – Phase des zivilen Widerstandes

Zu Beginn der Besatzungszeit war die Wehrmacht sowohl in Ost als auch West auf dem Vormarsch und ein baldiges Ende des Krieges war nicht in Sicht. Bei einer solch starken Position der Besatzungsmacht war an offenen Widerstand kaum zu denken. Bereits am 6.12.1940 erließ der Wehrmachtsbefehlshaber in Norwegen v. Falkenhorst Richtlinien für die Zusammenarbeit der Wehrmacht mit der Deutschen Sicherheitspolizei, welche der Gestapo die Bekämpfung sowohl des zivilen, als auch des militärischen Widerstandes als oberstes Ziel setzte. Zwar konnte zu diesem Zeitpunkt von keinem nennenswerten norwegischen Widerstand die Rede sein, doch gab es von Anbeginn der Besatzung das Bemühen oppositionelle Bestrebungen zu verhindern.[11] Da sich die norwegische Bevölkerung dem Gegner nicht feindlich gegenüberstellen konnte, wurden Symbole verwendet, mit denen die Gesinnung – mehr oder weniger geheim – kommuniziert wurde. So wurden kleine Büroklammern an der Kleidung, rote Wollmützen oder eine Blumen in Knopflöchern zu Zeichen der Ablehnung der Deutschen und schürten unter den Norwegern einen nationalen Zusammenhalt. Dieser „symbolische Widerstand" sei aus dem Impuls heraus entstanden, den eigenen Landsleuten und dem eigenen Gewissen das Festhalten an nationalen Überlieferungen zu demonstrieren, so L. de Jong.[12] Die Abkürzung „H7" – für König Håkon VII. stehend – zeigt welche Sympathien der Exilant bei seinen Untertanen genoss. Der Historiker und ehemaliges norwegisches *Milorg*- Mitglied Tore Gjelsvik beschreibt die Rolle des Königs als personifizierte Hoffnung auf Frieden und Unabhängigkeit wie folgt:

„Our hope of recovering freedom and national independence was embodied in the King."[13]

---

[11] BOHN 1995, S. 469.
[12] de JONG, L.: Zwischen Kollaberation und Réstistance, in: Das Dritte Reich und Europa, Berichte über die Tagung des Instituts für Zeitgeschichte in Tutzing, 1956, S. 142.
[13] GJELSVIK, Tore: Norwegian Resistance 1940-1945, London 1979, S. 7.

Die Exilregierung in London verstand sich auch weiterhin als rechtmäßige politische Vertretung des Landes und wertete alle Handlungen und Äußerungen als Widerstand, die nicht pro deutsch bzw. nicht als Zustimmung zur Nasjonal Samling zu verstehen waren. Jeder, der allgemein eine abweisende Haltung gegenüber der Okkupationsmacht und deren norwegischen Paladinen einnahm, nahm am waffenlosen *Holdningskamp* (Haltungskampf) teil.[14] Eine Definition des Begriffes gibt m.E. treffend Ole Kristian Grimnes:

„Eine Widerstandshandlung war demnach eine Handlung, die sich gegen das Regime richtete und den Akteur einem persönlichen Risiko aussetzte."[15]

2.1. Widerstand der Arbeiterschaft

Im April 1941 verabschiedete die *Jugendorganisation der Norwegischen Arbeiterpartei* (AUF) – zur *Gewerkschaft der Arbeiter und Handelsvereinigung* (LO) zugehörig – ein Pamphlet, das besagte, dass ein System, welches sich für unfähig hält, den Kampf gegen einen Okkupator aufzunehmen, die Bedeutung verloren hätte. Daraufhin begann die Arbeiterschaft sich am aktiven Widerstand zu beteiligen und verabredete sich zu einer stillen Demonstration am 9.4.1941.[16] Offene Proteste, vor allem der kommunistischen Arbeiterschaft, folgten nach dem Überfall der Deutschen auf die Sowjetunion. So berichtet das Armeeoberkommando Norwegen dem OKW von „erhöhtem passiven Widerstand der Arbeiterschaft"[17], welcher „in wehrwirtschaftlichen Betrieben zu einem Arbeitstempo geführt (hätte), das kaum noch tragbar" wäre. Die „Arbeitsleistungen der norwegischen Arbeiter" seien „seit Beginn des Rußlandfeldzuges auffällig gesunken."[18] Weitere Solidarisierungen mit den Demonstranten wurden durch die strenge Rationierung von Lebensmitteln, z.B. bei den Werft- und Stahlarbeitern in der Akerswerft in Oslo am 8.9.1941, hervorgerufen. Am Ende dieses Tages waren es allein in Oslo 25.000 Streikende[19] und nicht weniger als 44 Betriebe, deren Arbeiter sich den Protesten anschlossen.[20] Bereits acht Tage später stellte die nationalsozialistische Führung weitere Streiks unter Todesstrafe, die daraufhin standgerichtlich erfolgten. Der Reichskommissar machte für diese Streiks „kommunistische

[14] MAERZ 2007, S. 61.
[15] Zit. nach HALVORSEN 1991, S. 337.
[16] Ebd. S. 44/45.
[17] Tätigkeitsbericht des AOK Norwegen/Abt. Ia, 1.-31.Juli 1941, BA Potsdam, Filmsammlung, Nr. 40882; zit. nach PETRICK 1992, S. 142.
[18] Ebd. S. 142.
[19] Ebd. S. 142.
[20] DAHM 2008 (Bd. 6), S. 411.

und marxistische Elemente in den Gewerkschaften"[21] verantwortlich. Er erließ den zivilen Ausnahmezustand und ließ zahlreiche Gewerkschaftsfunktionäre verhaften. Viggo Hansteen und Rolf Wickstrøm wurden sofort erschossen, 25 weitere Personen verurteilt und in Konzentrationslager deportiert.[22] Die Leitung der landesweiten gewerkschaftlichen Organisation und die der Einzelgewerkschaften übernahmen daraufhin Kommissare der NS. Diese wurden jedoch von geheimen Aktionsausschüssen ausmanövriert.[23]

Im Allgemeinen lässt sich aber eine „Anpassung" in verschiedenen Bereich konstatieren. Schon seit dem 9.4.1940 kann eine Linie der Behörden ausgemacht werden, die darauf aus war, den gesellschaftlichen, wirtschaftlichen und staatlichen Institutionen Normalität zu gewährleisten. Kooperation in ökonomischen und administrativen Bereichen war eine allgemein akzeptierte Haltung. Bereits im Herbst 1940 war Deutschland bei weitem wichtigster Handelspartner Norwegens, dessen Bau- und Anlagenbranche einen enormen Zuwachs verzeichnete.[24]

2.2. Widerstand der Lehrer

Nicht nur Kommunisten, Stahl- oder Werftarbeiter stellten sich gegen das Okkupationsregime, sondern auch Sportler, Lehrer, Richter, Akademiker usw. Norwegische Athleten verweigerten ihre Tätigkeit im Rahmen von Wettbewerben, wurden inhaftiert oder traten der *Heimatfront* bei. Ebenso das oberste Gericht Norwegens verweigerte geschlossen mit folgender Begründung den Dienst:

„During a military occupation the courts in our opinion must in the same way [...] be able to take a stand on the validity under international law of ordinances issued by organs of the occupying power. We cannot endorse the view of the courts' authority which is expressed in the Reichskommissar's letter without acting contrary to our duties as judges of the Norwegian Supreme Court. We therefore find ourselves unable to continue in our offices."[25]

Dies war ein deutliches Zeichen für die Bevölkerung und ermutigte in Folge des 6.2.1942 rund 15.000 Lehrerinnen und Lehrer die Arbeit zu verweigern. Rund 8.000 Briefe der Lehrerschaft des Norwegischen Lehrerbundes beinhalteten die Verkündung der

---

[21] Deutsche Zeitung in Norwegen, Nr. 212 vom 11. September 1941; zit. nach PETRICK 1992, S. 142.
[22] Vgl. PETRICK 1992, S. 142.
[23] Ebd. S. 143.
[24] HALVORSEN 1991, S. 344-345.
[25] GJELSVIK 1979, S. 26.

Arbeitsniederlegung, mit der Begründung, die Nationalsozialisten würden die Lehrer ausnutzen, um eine Gleichschaltung der Jugend zu erreichen und diese für den Krieg im Dienste Deutschlands auszubilden.[26] Diese Befürchtung war nicht unbegründet und sollte sich bereits eine Woche später, am 12.2. im Gesetz zur Einbeziehung von Jugendlichen für den NS-Staatsdienst, welches Vidkun Quisling nach dem so genannten Staatsakt erließ, bewahrheiten. Ein großer Teil der norwegischen Bevölkerung befürchtete, dass ihre Kinder durch dieses Gesetz für den Wehrdienst an der Ostfront rekrutiert werden konnten, was circa 300.000 Norweger betroffen hätte. Bis zum Ende des Krieges waren es 5.000-6.000 norwegische Soldaten, die auf Seiten der Deutschen, als so genannte Frontkämpfer, dienten.[27] Einar Høigård, Mitglied des Lehrerverbands, sah sich aufgrund der Geschehnisse veranlasst durch das Land zu reisen, um an den Schulen folgende Anweisung zu verbreiten:

„1. reject demands for membership of, or declarations of loyality to, the NS; 2. reject every attempt at NS propaganda in the school; 3. reject every order from unauthorised sources; 4. reject every demand for participation in the NS Youth Company.“[28]

Um weiterer Solidarisierung, auch anderer Berufsgruppen, entgegen zu wirken, nahm das Regime 863 Lehrer und Lehrerinnen bis zum 29.3. fest und schickte sie in Arbeitslager, in der Hoffnung, auf diese Weise ein Exempel statuieren zu können und die anderen zurückgetretenen Lehrer wieder in die Klassenräume zurückzuholen.[29] Der entstandene Lehrermangel zwang die NS-Regierung zu einer Lockerung der Ausbildungsbedingungen für Lehrer, um „einen neuen Lehrertyp zu schaffen, Lehrer heranzubilden, die nicht nur Unterrichtsmaschinen wären; sondern darüber hinaus wirkliche Führer der Jugend sein könnten.“[30] So wurden auch Studierende als Hilfslehrkräfte akzeptiert. Trotz dieser Maßnahmen des Regimes weigerte sich weiterhin eine große Anzahl an Lehrkräften ihre Arbeitsverweigerung schriftlich zurückzuziehen. Zum einen aus Überzeugung, zum anderen dürfte es berechenbares Kalkül gewesen sein, da die norwegische Bevölkerung eine nahe bevorstehende Befreiung ihres Landes erhoffte und die Unterzeichner befürchteten, von den Befreiern als NS-Sympathisanten betrachtet zu werden. Lehrer, die weiterhin ihrer Lehrtätigkeit nachgingen, einerseits zur Finanzierung des Lebensunterhalts, andererseits zum Erhalt einer Einflusssphäre auf die norwegische Jugend, entschieden sich erst zwei, später

[26] Vgl. HALVORSEN 1991, S. 343.
[27] MAERZ 2007, S. 53.
[28] Ebd., S. 59.
[29] DAHM 2008 (Bd. 6), S. 585.
[30] Ebd., S. 570.

fünf Prozent ihres Einkommens der Heimatfront zu spenden. So entwickelte sich der Lehrerbund zu einem der wichtigsten Unterstützer des Widerstandes, nicht nur in finanzieller Hinsicht.[31]

2.3. Widerstand des Klerus

Kurz darauf formierte sich aufgrund der Aufhebung des Schweigegelübdes der Widerstand im norwegischen Klerus. Viele Geistliche traten vom offiziellen in den inoffiziellen, also den illegalen Gemeindedienst ein. Die Folge war die Aberkennung der Bischofswürde am 13.3.1942 durch die NS-Regierung. Die Leitfigur des kirchlichen Widerstandes war der Osloer Bischof Einvind Berggrav, der unter ständiger Beobachtung der Polizeibehörden stand. Aufgrund der Solidarisierung in Beschwerdebriefen vieler norwegischer Geistlicher mit Berggrav wurden die Regelungen zur Meldepflicht der Bischöfe bereits am 18.3., also fünf Tage später, gelockert.[32] Die Ernennung von Bischöfen behielt sich, gleich dem mittelalterlichen Recht römischer Kaiser, der Ministerpräsident Vidkun Quisling, welcher sich hierbei auf § 16 der norwegischen Verfassung berief, der dem König die Anordnung aller Kirchen- und Gottesdienste garantierte.[33]

Die Demonstrationen der Arbeiter, der Widerstand der Lehrer und der Geistlichen hatte Vorbildcharakter für die übrige Bevölkerung, was zu weiteren Protestaktionen führte. So protestierten Professoren gegen die Bevorzugung von parteinahen Lehrkörpern, Ärzte verweigerten die Ausübung ihres Berufes, was die Regierung dazu nötigte, allen Ärzten die Arbeitserlaubnis, auch ohne Parteizugehörigkeit, zu gewähren. Bekannte Persönlichkeiten aus Theater und Radio verweigerten öffentliche Auftritte und Interviews, als Antwort auf die Vorstöße des Regimes in den öffentlichen Bereich. Sportler wendeten die Maßnahme des Boykotts an und verweigerten die Teilnahme an Wettkämpfen, weil die NS im Herbst 1940 versuchte einen gemeinsamen Sportbund unter der Leitung der Partei zu gründen.[34] Verbandsvorsitzende traten von ihren Ämtern zurück, was nicht bedeutet, dass man sich vollkommen von sportlichen Tätigkeiten zurückzog. So bestätigt ein *BdSudSD*-Bericht (Befehlshaber der Sicherheitspolizei und des SD) vom Februar 1943, dass „seit längerem gegen die Anhänger der Sportstreikfront der Verdacht (bestehe), sie würden nicht nur ein

---

[31] GJELSVIK 1979, S. 65.
[32] DAHM 2008 (Bd. 6), S. 575/576.
[33] Ebd. S. 579.
[34] HALVORSEN 1991 S. 342.

systematisches Training sondern auch illegale Wettkämpfe abhalten."[35] Susanne Maerz beschreibt diese Phase des Widerstandes als Kulturkampf.[36] Außerdem erwähnt sie die Rettung von Juden, indem norwegische Polizisten diese vor einer Verhaftung warnten.[37] Diese beschriebenen Maßnahmen u. a. schafften ein nationales Bewusstsein und begünstigten die Durchsetzung des *Holdningskamp* in ganz Norwegen. Sie waren in ihrer Wichtigkeit enorm, um das Durchhalten der gesamten Bevölkerung während der Besatzungszeit zu gewährleisten. Des weiteren führten sie zu einer vertieften Wahrnehmung der Bedrohung Norwegens durch die deutsche Besatzung. Vor allem die internationale Presse fokussierte dieses Thema zunehmend.

2.4. Aufbau des organisierten Widerstands

Bereits im Frühjahr 1941 protestierten eine Reihe von Organisationen bei Reichskommissar Terboven gegen die allgemeine Vorgehensweise, sowie gegen die provozierende Druckausübung seitens der NS. Im Mai 1941 wurde die letzte öffentliche Aktion von 43 Organisationen, wie z.b. der LO (Gewerkschaftsbund) und dem *Handelsstandsforbundet* (Organisation der Kaufleute), getragen, die einerseits besonderem Druck ausgesetzt waren, andererseits die bedrohten ideologischen Werte zu wahren versuchten. Die Antwort Terbovens ließ keinen Zweifel an einer bevorstehenden Zukunft der Opposition im Untergrund. Er ließ mehrere Organisationsvorsitzende verhaften und löste Organisationen teilweise auf, bzw. setzte diese unter die Kontrolle von NS-Funktionären.[38]

Daraufhin begann 1941 der koordinierte Aufbau einer Widerstandsbewegung, der *Heimatfront*. Die sich auf den zivilen Widerstand beschränkende Organisation, war in mehrere Gruppierungen geteilt, deren Kommunikation von dem Journalisten Christian Christensen und John Rognes hergestellt wurde. Die Beschaffung von Geldern für den Aufbau der *Heimatfront* wurde durch Aage Biering und dem Anwalt Tor Skjönsberg organisiert. Der Widerständler Gjelsvik selbst und Jan Jansen waren für die Rekrutierung von Mittelsmännern zuständig, die meist für den Transport von Nachrichten und Widerstandsschriften wie *Bulletin* und *Fagbevegelse* ins Ausland benötigt wurden. Damit wurde der Grundstein der *Heimatfront* gelegt, die Verbindung ins Ausland errichtet und eine Art Sekretariat für den zivilen Widerstand geschaffen. Bis zur Ernennung Vidkun Quislings

---

[35] Ebd. S. 1004.
[36] MAERZ 2007, 62.
[37] Ebd. S. 59.
[38] HALVORSEN 1991, S. 342-343.

8

zum Ministerpräsidenten und dessen Erlass des *Gesetzes über den nationalen Arbeitseinsatz* (22.2.), um „die Versorgung des Volkes in den schwierigen Zeiten, die jetzt bevorstehen, sicherzustellen"[39], hatte es die *Heimatfront* geschafft, sich in ganz Norwegen zu organisieren und 20 Distrikte zu errichten. Als Anlaufpunkt für alle Gruppen des Widerstandes wurde ein Koordinationskomitee gegründet, das als Sekretariat für die *Heimatfront* fungierte.[40] Gjelsvik berichtet, dass schon im August 1941 eine andere Gruppe errichtet worden war, um den Widerstand im Volk zu legitimieren. So schickten Hans Halvorsen und Tor Skjönsberg Paul Hartmann nach London, um eine beständige Verbindung zum König zu errichten. Bis zum Sommer 1942 bestand diese Gruppe, Kretsen (der Kreis) genannt, nur formal, um den Kontakt aufrechtzuerhalten. Ab Sommer 1942 intensivierten sich die Kontakte dann, als diese Verbindung zur HF für die norwegische und britische Regierung in London immer mehr an Bedeutung gewann.[41] In dieser Zeit entwickelten sich Thorleif Schjelderup, verantwortlich für die Bereiche Rat und Einigkeit innerhalb der *Heimatfront*, und Tor Skjönsberg, verantwortlich für die Organisation und Kontakte, zu führenden Persönlichkeiten der *Heimatfront*.

3. Die zweite Phase - Phase des Widerstandes in Produktion und Verwaltung

In der zweiten Phase des Widerstandes standen der Ausbau der Strukturen der *Heimatfront* und der *Milorg* (Militärorganisation des Widerstandes) und damit verbunden der Ausbau weit reichender Aktionen des gesamtnorwegischen Widerstandes im Mittelpunkt. Ein Beispiel hierfür war das Langsamarbeiten, in der Arbeiter in den Fabriken absichtlich ihre Produktivität verringerten, um die Kriegspolitik der Deutschen zu behindern.

„Zwischen 150 000 und 250 000 Norweger arbeiten insgesamt für die deutschen Besatzer und damit vor allem für die deutsche Kriegsführung. Für viele von ihnen ist es eine willkommene Gelegenheit, der Arbeitslosigkeit zu entkommen. Wegen der Aufforderung, die Mühlen am Laufen zu halten, wird gewöhnliche Arbeit für die Deutschen nicht kriminalisiert, außer, der Betreffende gründete seine Firma erst während der Besatzungszeit und mit dem Ziel, für die Deutschen zu arbeiten."[42]

---

[39] DAHM 2008 (Bd.6), S. 988.
[40] Vgl. HALVORSEN 1991, S. 343.
[41] GJELSVIK 1979, S. 54.
[42] MAERZ 2008, S. 52.

Es herrschte demzufolge eine Art innerer Zerrissenheit bei den Arbeitern, die ihren Tätigkeiten in den Fabriken weiter nachgehen mussten, um ihren Lebensunterhalt und deren ihrer Familien zu verdienen, dies aber nicht im Sinne der Okkupationsmacht taten und somit ihren, wenn auch nur kleinen Teil, zum Widerstand beitrugen. Wie gefährlich die „Go-Slow"-Politik unter Umständen sein konnte, geht aus den Lageberichten des *BdSudSD* hervor. So wurden allein am 26.5.1943 zwölf Personen aus Oslo, Narvik und Kristiansand wegen Arbeitsflucht und Arbeitsbummelei festgenommen.[43] Wie allgemein das Langsamarbeiten praktiziert wurde, ist schwer zu ermitteln. Zu dieser Frage gibt es auch in anderen besetzten europäischen Ländern verschiedene Darstellungen. Der Grieche A.A. Pallis meint, dass die Produktion weitergehen müsse, aber in allen Fabriken würde die Produktion gelähmt, soweit es nur ging und die Arbeiter würden angehalten langsam zu arbeiten und Sabotage zu verüben. De Jong bezweifelt diese allgemeine Handhabung des Langsamarbeitens und dass es für den gewöhnlichen Fabrikarbeiter verhältnismäßig einfach gewesen sei Sabotage zu verüben, denn

„unter Lebensgefahr […] Sabotage zu üben, […] hing von den Umständen ab und von der schwierigen Entscheidung, vor die sich die Menschen gestellt sahen, wenn sie den möglichen Gewinn und das wahrscheinliche Risiko gegeneinander abwägen mussten."[44]

Wie schon in Kapitel 2.2. erwähnt, gab es stets die Hoffnung einer alliierten Invasion Norwegens, was ab 1942 zu einer steigenden Anzahl von Neugründungen militärischer Widerstandsorganisationen führte. Kampfparolen wie „wait, trust and be prepared"[45] des norwegischen Generals Otto Ruge, der am 10.7.1940 vor den Deutschen kapitulierte, schürten diese Hoffnung auf Befreiung zusätzlich. Der *BdSudSD* konstatierte am 9.3.1943 diesbezüglich:

„Die Überzeugung, daß der Krieg in wenigen Wochen oder Monaten - mindestens aber noch im Verlaufe dieses Jahres - zu Ende sein wird, ist […] entscheidend vertieft worden. […] An der gesamten Westküste von Stavanger bis Drontheim konnten in diesem Zusammenhang

---

[43] DAHM, Volker: Meldungen aus Norwegen 1940-1945. Die geheimen Lageberichte des Befehlshabers der Sicherheitspolizei und des SD in Norwegen (Texte und Materialien zur Zeitgeschichte, Bd. 1), München 2008, S. 1120.
[44] de JONG 1957, S. 139-140.
[45] GJELSVIK 1979, S. 72.

lebhafte Gerüchte über bevorstehende englisch-amerikanische Invasionen festgestellt werden."[46]

Einigen Norwegern war die bloße Hoffnung auf eine Rettung durch alliierte Truppen aber nicht genug. So traten 3500 ehemalige norwegische Soldaten den britischen Truppen bei und bildeten erste militärische Gruppen, die sich wie Guerilla in den Wäldern verschanzten, um im Ernstfall einer Invasion auf Seiten der alliierten mitwirken zu können. Unter dem Namen *Milorg* wurden der 1941 gegründete Militärrat und die organisierten militärischen Gruppen im November 1941 von der norwegischen Exilregierung in London offiziell anerkannt. Im Wehrmachtsbericht vom 9.3.1943 wird die *Milorg* das erste Mal ausführlich samt den Strukturen und den Kontakten erwähnt und zu der Zeit recht präzise dargestellt.[47] Den Oberbefehl für Einsätze der *Milorg* erhielten das norwegische *Forsvarets Overkommando* (FO) in London und die *Special Operations Executive* (SOE) von britischer Seite. Diese doppelte Leitung war jedoch unvorteilhaft und verursachte mehrmals Unsicherheiten bei späteren militärischen Aktionen, in denen z. B. die *Kompanie Linge*, in Großbritannien unter der SOE geschult, und heimische *Milorg*-Gruppen involviert waren.[48] Aufgrund dieser fehlerhaften Leitung kam es zu einigen Festnahmen in den Reihen der *Heimatfront* und der *Milorg*, was im Herbst 1942 zur Gründung der *XU*, einem Geheimdienst der Alliierten, führte, der dem *Kreis* eingegliedert war und damit der *Heimatfront* unterstand, aber gleichzeitig engen Kontakt nach London hielt. In dem *Armed Forces Agreement* vom Mai 1941 wurden schließlich alle im britischen Exil ausgebildeten militärischen Gruppierungen Norwegens, wie z.B. die erwähnte *Kompanie Linge*, unter die Leitung der Briten gestellt:

„The Norwegian Armed Forces in the United Kingdom (comprising Land, Sea and Air Forces) shall be employed either for the defence of the United Kingdom or for the purpose of regaining Norway. They shall be organised and employed under British command, in its character as the Allied High Command, as the Armed Forces of the Kingdom of Norway allied with the United Kingdom."[49]

Während die *Kompanie Linge* unter Berücksichtigung alliierter Interessen kriegsstrategische Ziele zu eliminieren und eine permanente Bedrohung für die Deutschen in Norwegen

---

[46] DAHM 2008 (Bd. 6), S. 1017.
[47] DAHM 2008 (Bd.6), S. 1020.
[48] GJELSVIK 1979, S. 75.
[49] „Armed Forces Agreement 28th May 1941" aus: http://home.online.no/~gestrom/history/treaties.htm (Stand: 17.10.2012)

darzustellen versuchte, ging die *Milorg*, aufgrund ihrer Nähe zur *Heimatfront*, heimischen Interessen, wie z.b. den Arbeitseinsatz Quislings zu verhindern, nach:

„Those in charge of the British SOE thought along other lines, since they wanted to build up small local organisations which could conduct sabotage and attack German lines of communication, so that the enemy was forced to maintain large forces in Norway [...].“[50]

Dieses Beispiel zeigt einen dieser Interessenkonflikte. Die *Milorg* und die *Heimatfront* bemühten sich mit ihren Aktionen, der Besatzung ein Ende zu bereiten. Eines ihrer wichtigsten Ziele war es den Einsatz junger Norweger an der Ostfront in Diensten der Deutschen zu verhindern. Wäre die Lage nach Meinung der deutschen Befehlshaber nicht so bedrohlich gewesen, bspw. die permanente, wenn auch inszenierte Gefahr einer alliierten Invasion, dann hätten große Verbände deutscher Truppen an die Ostfront versetzt werden können, was die Arbeit der *Milorg* erleichtert hätte. Dies hätte aber den übergeordneten alliierten Kriegsplänen und somit den Plänen der SOE zu wider gesprochen. Diese sahen vor, ein Szenario der ständigen Bedrohung Norwegens aufrechtzuerhalten, so dass die Deutschen sich gezwungen sahen, ihre Truppenverbände in Norwegen zu belassen. Somit konnten diese nicht in den Kampfhandlungen im Osten mitwirken. Nichts desto trotz wurden Soldaten der *Linge Kompanie* 1942 angewiesen, kleinere *Milorg*- Gruppen auszubilden, da Großbritannien keine weiteren eigenen Männer nach Norwegen schicken wollte. In den *BDSudSD*- Berichten vom Februar 1943 treten die *Linge*- Einheiten erstmals auf. In diesen wird erwähnt, dass „[d]ie militärische Ausbildung und insbesondere die Unterweisung im Waffengebrauch [...] durch eigens zu diesem Zweck aus England gekommene Instrukteure [...] in Hütten [erfolgte].“[51] Außerdem transportieren diese Einheiten von der britischen Insel Material für die Ausbildung und die erhoffte Befreiung ins Land. Im ständigen Bewusstsein, dass die Hilfe jeden Tag kommen könnte, arbeiteten die Männer der *Kompanie Linge* deshalb oftmals unvorsichtig.[52] So kam es Ende des Jahres 1942 zu zahlreichen Festnahmen von Mitgliedern der *Heimatfront* und der *Milorg*. Nach der Festnahme Arvid Hansens im Oktober übernahm Knut Møyen, vorher im Widerstand der Studenten aktiv, die Leitung der *Milorg*- Aktivitäten. Kurze Zeit später wurde auch Møyen von der Wehrmacht entdeckt und Jens Christian Hauge, der bis 1941 noch Dozent an der Universität Oslo war, übernahm dessen Stellung. Allein in diesem Zeitraum wurden rund 125 norwegische Offiziere der *Heimatfront* und *Milorg*

---

[50] GJELSVIK 1979, S. 88.
[51] DAHM 2008 (Bd. 6), S. 992.
[52] GJELSVIK 1979, S. 89.

12

festgenommen. In den Wehrmachtsberichten dieser Monate sind Festnahmen zwischen 100 und 300 Männern pro Monat belegt.[53]

Aufgrund der wachsenden Anzahl von Festnahmen der Widerständler musste die *Milorg* neu organisiert und strukturiert werden, was jedoch dem allgemein steigenden Zulauf an neuen Mitgliedern kein Abbruch tat. So wurde Norwegen in 14 militärische Distrikte eingeteilt, denen insgesamt 30.000 Mitglieder zur Verfügung standen. Seit dem Dezember 1943 gingen Legitimationen von *Linge-* und *Milorg*-Aktivitäten offiziell nur noch von der *Supreme Headquarters Allied Expeditionary Force* (SHAEF), von dem amerikanischen Präsidenten Dwight D. Eisenhower organisiert und in London gegründet, aus. Die Bedingung für eine Akzeptanz seitens des *Forsvarets Overkommando* bestand in der Zusicherung der Alliierten keine weiteren Aktionen anderer militanter Gruppen auf norwegischem Boden zu organisieren. Der *Milorg* sicherte diese Kooperation des *Forsvarets Overkommando* und der SHAEF eine bessere Ausbildung der eigenen Soldaten, sowie Waffen- und Uniformlieferung aus Großbritannien, die durch *Linge-* Einheiten, den so genannten Shetland-Gruppen, realisiert wurden.[54] Ebenso erreichte die *Heimatfront* ihr organisatorisches Optimum auf ziviler Ebene. Unter Leitung des *Koordinationskomitee* (KK), koordinierten Biering und Skjönsberg sowohl die Finanzen, als auch die Gruppen, die Norweger ins Ausland – speziell nach Schweden – schleusten. Laut Berichten des *BDSudSD* vom Mai 1943 sind schätzungsweise 14 000 bis 16 000 Norweger nach Schweden – so genannte Schwedenflucht – geflohen und es wurde gegen verschiedene „Gegnergruppen vorgegangen, die sich ausschließlich mit der Organisierung der Landesflucht befaßten."[55] Anweisungen für die illegale Presse gingen vom KK heraus, die zu dieser Zeit trotz vieler Rückschläge erfolgreich aktiv war. Für Aufklärungsarbeit der XU auf ziviler und speziell politischer Ebene waren Jens Boyesen und Hans Engen zuständig. Der Pfarrer Conrad Bonnevie- Svendsen leitete Nahrungs- und Waffenlieferungen von Dänemark nach Norwegen, deren Umfang sich von 1940-1945 allein durch seine Bemühungen auf 32.716 Tonnen belief.[56]

Zur gleichen Zeit begann die Organisation einer Verwaltung Norwegens nach Beendigung des Krieges. Hierfür beauftragte die Exilregierung das KK und den Kreis. Zu diesem Zweck wurde die *Hjemmefronten Ledelse* (HL) gegründet, deren Sekretariat (HLS) von Skjönsberg, Einar Jansen, Alf Sanengen und Gjelsvik geleitet wurde. Sie waren es auch, die es bis 1944 durch ihre Kontakte schafften, das KK weiter auszubauen und die Versorgung

---

[53] Vgl. DAHM 2008 (Bd. 6).
[54] Vgl. GJELSVIK 1979, S. 199.
[55] DAHM 2008 (Bd. 6), S. 1135/1136.
[56] GJELSVIK 1979, S. 120-121.

der *Milorg* und aller *Heimatfront*-Gruppen zu übernehmen. Der hier oft zitierte Gjelsvik übernahm die Aufgaben für den Erhalt einer Kommunikation mit der *Milorg*, der in- und ausländischen Presse und der Exportgruppen. Auf diese Weise wuchs der Kern der HL schnell auf eine Anzahl von 60 Leuten. Um die Zusammenarbeit von *Milorg*, XU und der Polizeiorganisation zu verbessern und die Sicherheit aller Gruppen zu erhöhen, wurden u. a. geheime Kontakte zur Staatspolizei und Gestapo geknüpft. Auf diese Weise spielte man Polizeiberichte und Befragungsbögen dem Widerstand zu.[57]

4. Die dritte Phase - Phase des militärischen Widerstandes

Mit dem stetig wachsenden Kontingent an paramilitärischen Einheiten, der guten Organisation der gesamten Heimatfront im ganzen Land und den Kontakten ins Ausland begann 1944 die entscheidende dritte Phase – die durch die norwegische Exilregierung und die Westalliierten legitimierte militärische Phase des Widerstandes.

Anhand der Wehrmachtsberichte lässt sich die stetig steigende Zahl von Widerstandsaktionen nachvollziehen. So gibt es keine Woche ohne Festnahmen von Norwegern und Norwegerinnen, die entweder direkt im Widerstand aktiv waren oder sich nicht den Leitlinien des Regimes entsprechend verhielten. Wie Susanne Maerz berichtet, wurden „366 Norweger [...] während des Krieges hingerichtet - die meisten von ihnen in der zweiten Hälfte der Besatzungszeit, als auch die Sabotageaktionen [zunahmen].“[58] Wie viele Menschen tatsächlich ums Leben kamen ist bis heute unklar, da Juden nicht in dieser Statistik erfasst sind.

Die Angst der norwegischen Bevölkerung vor dem im Februar 1943 von Quisling verabschiedete Gesetz für den nationalen Arbeitseinsatz, verschärfte sich nochmals durch eine Proklamation Hitlers am 23. Gründungstag der NSDAP 1943:

„Wir werden auch keine Sekunde zögern, die für den Ausbruch dieses Krieges verantwortlichen Länder dazu auszunützen, an diesem Schicksalskampf teilzunehmen. Wir werden es als selbstverständlich ansehen, in dieser Zeit, die so schwere Opfer an unsere eigenen Leben fordert, keine fremden Leben zu schonen.“[59]

---

[57] Ebd., S. 164.
[58] MAERZ 2008, S. 60.
[59] DAHM 2008 (Bd. 6), S. 1044.

Diese Drohung Hitlers machte den Arbeitern bewusst, dass niemand von seiner Pflicht, sich bspw. auch zu notwendigen Lehrgängen zu melden, hätte befreit werden können und „Zuwiderhandlungen [...] mit dem Tode bestraft werden"[60] konnten. Am 15.3.1944 sendeten Gjelsvik und Sanengen eine Direktive der Heimatfront über den Radiosender der BBC, in der die Arbeiter aufgefordert wurden, durch Verweigerung des Dienstes die Rekrutierung zu stoppen, da bis dahin bereits 80.000 bis 90.000 Männer im Hauptregister in Oslo registriert wurden. Sanengen betonte, dass die Kampagne gegen den Arbeitsdienst höchste Priorität für den norwegischen Widerstand besäße und dass sie die Zukunft des Widerstandskampfes entscheide.[61]

In der Folge verstärkte auch die Milorg ihre Bemühungen gegen den Arbeitsdienst.[62] Sie schmuggelten in der Nacht vom 4. zum 5.5.1944 Zeitbomben in die Registrierungsgebäude in und um Oslo. Allerdings detonierten nur vier dieser Bomben in den Büros außerhalb Oslos. Um die Rekrutierungen zu rechtfertigen, verkündete Vidkun Quisling eine kommende bolschewistische Invasion Norwegens. Die Reaktion des Widerstandes in Person von Sanengen bestand in der Verteilung von 100.000 Flugblättern an den Lehrerbund, welches besagte, dass die Arbeit verweigert werden müsse, egal um welchen Preis.[63] In der Folge gelang ein Anschlag sowohl auf einen Arbeitskontor in Tönsberg (16.5.), bei dem die komplette Arbeitsdienstkartei vernichtet wurde, als auch in Oslo auf eine Arbeitsdienstzentrale (18.-19.5.), bei der die Olsenbande, eine Linge-Gruppe unter der Leitung von Gunnar Sønsteby und Max Manus, eine Lochkartenmaschine zerstörte.[64] Damit wurde das Ziel erreicht, welches schon am 20.3.1943 von einer kommunistischen Gruppierung unter Asbjørn Sunde erfolglos angestrebt worden war. Traurige Bilanz der paramilitärischen Erfolge waren Hinrichtungen von vier Milorg- Mitgliedern.[65] Weitere Anschläge wurden in Vikersund (20.5.), in einem weiteren Gebäude des Arbeitsdienstes in Oslo (21.5.), in Drammen (22.5.) und auf die Büroräume der Versicherungsgesellschaft Norsk Folk in Oslo am 3. Juni durchgeführt. Letzterer scheiterte, wurde jedoch in der Nacht vom 7. zum 8.6. wiederholt, da sich weitere Lochkartenmaschinen zur Rekrutierung in dem Gebäude befanden. Da es unter starkem Polizeischutz stand, konnten auch diesmal die Maschinen nur leicht beschädigt werden.[66] Seit dem Bericht der BBC vom 18.5. über die Regierungsabsichten nach Ende des Kriegs und über die Leitung der Heimatfront gesendet

[60] Ebd., S. 1147.
[61] GJELSVIK 1979, S. 149.
[62] Vgl. HALVORSEN 1991, S. 345-346.
[63] Ebd., S. 152/153.
[64] DAHM 2008 (Bd. 6), S. 1283.
[65] GJELSVIK 1979, S. 151.
[66] Vgl. DAHM 2008 (Bd. 6), S. 1283/1284.

wurde, begann das Regime, jeden Mann im Rekrutierungsalter zu verhaften. Die daraufhin in die Wälder fliehenden männlichen Jugendlichen wurden von der Bevölkerung *gutta på skauen*, die Jungen im Wald, genannt. Versorgt wurden sie durch die eigenen Familien, umliegende Firmen, Ladenbesitzer und Bauern. Die Kommunikation zwischen den einzelnen Gruppen der 10.000 Flüchtigen organisierte Sanengen, während Odd Gjelsvik, der Bruder Tore Gjelsviks, die Versorgung verwaltete. Mit dem Vorrücken der Alliierten in Westeuropa und dem damit verbundenen Aufwand, kam es zu Einsparungen, weshalb die Jungen im Wald nicht mit Waffen versorgt werden konnten. Für den bewaffneten Widerstand sollte nur die *Milorg* weiterhin ausgerüstet werden und die fähigsten Männer dieser beitreten. Weitere 3.000 Männer wurden den norwegischen Polizeitruppen unterstellt, 1.500 nach Schweden evakuiert.[67] Nach dem 15.5. ließ die *Heimatfront* den Mitarbeitern des Arbeitdienstes anonym ein Schreiben zukommen, in denen sie aufgefordert wurden, ihren Dienst innerhalb eines Monats zu quittieren. Damit erhöhte der Widerstand den Druck auf die eigene Bevölkerung. Verstärkt wurde dies durch die Androhung, dass jeder Verweigerer dieser Anordnung „als Nazist und Landesverräter betrachtet [werden müsse] und die Folgen hiervon [zu] tragen [habe].“[68] Sollte die Anordnung befolgt werden, so könne die Nachkriegsregierung dies honorieren und ihnen gute Stellungen anbieten. Die Gegenmaßnahmen Quislings sah die strenge Überwachung und Rationierung der Nahrung vor, um auf diese Weise die Männer im Wald hungern zu lassen. Skjönsberg, Sanengen und Gjelsvik fordert daraufhin Fälschungen der Rationierungsmarken aus London an, deren Herstellung mangels Papier nicht realisiert werden konnte. Die Oslobande startete kurz darauf – am Morgen des 9. August 1944 gegen 8 Uhr – einen Angriff auf einen LKW und konnte so 66.652 Lebensmittelkarten und 29.585 Tabakmarken stehlen.[69] 13.000 dieser Marken behielten die Widerständler ein. Der Rest wurde Quisling mit der Forderung angeboten, die Repressionen gegen die *gutta på skauen* zu unterlassen. Quisling willigte ein.[70] Mit den Erfolgen des Widerstandes erhöhten sich indes auch die Bemühungen des Regimes. War man zu Beginn der Besatzungszeit noch bemüht, den 'Rassenverwandten' milde gegenüberzutreten, so legte die Gestapo in der Folge immer weniger Rücksichtnahme bei der Bekämpfung der Opposition an den Tag. Speziell zur Infiltrierung des norwegischen Widerstandes wurden in der Zentrale in Oslo zwei spezielle Einheiten gebildet. Die Nachrichtenbeschaffung (N) und das Sonderreferat (S) arbeiteten vor allem mit norwegischen Informanten und Agenten zusammen. Die ständige Bedrohung einer

---

[67] GJELSVIK 1979, S. 158.
[68] DAHM 2008 (Bd. 6), S. 1281.
[69] Ebd., S. 1343.
[70] GJELSVIK 1979, S. 161.

alliierten Invasion und die zunehmende Sabotagetätigkeit des Widerstandes veranlasste die Gestapo, das Informantennetz gezielt auszubauen. In der Folge ging es nicht nur um genauere und umfangreichere Informationen, sondern zunehmend um Gegensabotage, welche von Einheimischen, vor allem von sozial deplazierten Subjekten bzw. Kriminellen verübt wurde.[71] Die erhoffte Eindämmung der Sabotage- und Widerstandstätigkeit blieb allerdings aus.

So war das Jahr 1944 geprägt von militärischen Anschlägen und Sabotageakten, die bis zum Kriegsende anhalten sollten. An dieser Stelle sei auch an den kommunistischen Widerstand hingewiesen, der nicht in die chronologische Dreiphasengliederung einzuordnen ist. Der Grund hierfür ist, dass der militärische, kommunistische Widerstand bereits vor 1944 stattfand und nicht von der norwegischen Exilregierung oder durch die Westalliierten legitimiert worden war. Stattdessen weist dieser über die *Norges Kommunistiske Parti* (NKP), direkte Verbindungen in die Sowjetunion auf. Diese Partei wurde am 10. April 1940 verboten, arbeitete aber trotzdem illegal weiter. In der Besatzungszeit kam es mehrmals zur Zusammenarbeit von Kommunisten und nichtkommunistischen Norwegern in der *Milorg* oder sogar zur Zusammenarbeit der *Heimatfront* mit der NKP. Jedoch geschah dies erst nach dem Bruch des Hitler-Stalin-Paktes durch den Einfall der Wehrmacht in die Sowjetunion am 22.6. 1941, also mehr als ein Jahr nach dem Beginn der Besetzung Norwegens. Trotz unterschiedlicher politischer Interessen einte ein patriotischer Konsens, den Deutschen im eigenen Land erheblichen Schaden zuzufügen, in diesen Zeiten den legitimierten und den kommunistischen Widerstand.[72]

Vor allem Schiffssabotage und -zerstörung, Eisenbahn- und Eisenbahnstreckensabotage, Anschläge auf Büros des Arbeitsdienstes, sowie gezielte Morde durch die *Milorg* und der *Kompanie Linge* zählten zu den Aktionen der militärischen Phase. Wie schon weiter oben erwähnt übernahm 1943 die SHAEF als oberstes Hauptquartier der alliierten Streitkräfte die Führung der *Linge*-Einheiten und der *Milorg*. Somit hatten FO, SOE, die zu der Zeit aus rund 10.000[73] Männern und 3.000[74] Frauen bestand, sowie die Exekutive des Militärrats (SL) ihren Einfluss auf den heimischen militärischen Widerstand aufgegeben. Seitdem unterstand die Leitung des norwegischen Widerstands offiziell den USA.

Die von den alliierten ausgebildeten und legitimierten militärischen Widerstandsgruppen erhielten im Januar 1944 vermehrt Materiallieferungen, welche laut BDSudSD- Berichten in den Wäldern entdeckt worden waren.

---

[71] BOHN 1995, S. 472-473.
[72] BORGERSUND, Lars: Die Wollweber-Organisation und Norwegen, Berlin 2001, S.203-204.
[73] WHEELER, Mark: The SOE Phenomenon, in: Journal of Contemporary History, Vol. 16, No. 3, S. 514.
[74] FOOT, Michael R. D.: Was SOE Any Good in: Journal of Contemporary History, Vol 16, No. 1, S. 174.

„Für die Militärorganisation Mittelnorwegens waren umfangreiche Waffenlager angelegt worden. Bezeichnend ist, daß Angehörige der Organisation äußerten, daß die Militärorganisation mehr automatische Waffen verfüge, als die Deutschen, und daß allein für etwa 5 000 Mann automatische Waffen zur Verfügung ständen."[75]

Die durch die Linge- Einheiten organisierten Waffenlieferungen aus England befanden sich u. a. Granaten, Revolver, Munition, Maschinenpistolen, Haft- und Magnetminen für die Schiffssabotage, englische Uniformen und Gummianzüge, Sprengstoff und -zubehör, Zeitzünder, Akkumulatoren und Funksender, Totschläger, Dolche, Fallschirme und Verbandsmaterial.[76]

Als ebenfalls erfolgreiche Aktion ist der Anschlag auf eine Schwerwasserproduktionsanlage der Deutschen in Vemork bei Rjukan in der Region Telemark zu betrachten. Nach der chronologischen Einteilung in Phasen des Widerstandes, ist dieser Anschlag nicht der dritten Phase angehörig. Da es sich aber um eine militärische Aktion handelt, wird er an dieser Stelle behandelt. Seit 1934 stellte die Elektrolyseanlage der Norsk Hydro aus Wasser Deuterium her, das nach der Übernahme der Anlage durch die Deutschen in den Fokus der Briten gelangte. Schweres Wasser war zu dieser Zeit für die Atomwaffenproduktion nötig. Deshalb fokussierte sich die britische Regierung darauf, dieses Unternehmen zu blockieren. Im Oktober 1942 beschaffte die Gruppe *Grouse*, welche sich später *Swallow* nannte, Informationen über den Aufbau des Elektrolysewerkes und bereitete Landeplätze für 35 Gleitflugzeuge vor. Nachdem im November ein Halifax-Segelflugzeug im Lysefjord und ein zweites bei Helleland in der Nähe von Egersund abstürzte – wobei acht Soldaten sofort starben und fünf Verwundete in ein Konzentrationslager kamen – wurden die Überlebenden am 1.1.1943 von der Wehrmacht hingerichtet.[77] In der Operation *Gunnerside* schließlich sprengten Widerständler unter der Leitung von Knud Haukelid in der Nacht zum 28. Februar 1943 die Anlage, nachdem britische Maschinengewehre zurückgelassen worden waren, um den Verdacht der Deutschen nicht auf den norwegischen Widerstand zu lenken. Die Täuschung glückte, wie im Wehrmachtbericht vom 9. März 1943 zu lesen ist:

---

[75] DAHM 2008 (Bd. 6), S. 1244.
[76] Vgl. ebd., S. 1253-1263.
[77] MANN, Christopher: Combined Operations, tho Comandos, and Norway, 1941-1945, in: The Journal of Military History 73 (April 2009), S. 486.

„Im Werke Vemork bei Rjukan wurde in der Nacht vom 27. zum 28. 2. 1943 gegen 1.15 Uhr eine wehrwirtschaftlich wichtige Anlage durch Explosion und Sprengladungen zerstört. Der Anschlag wurde von drei bewaffneten mit graugrüner Uniform bekleideten Personen ausgeführt. [...] Aus den von den Tätern zurückgelassenen Gegenständen ist zu vermuten, daß die Täter aus England kamen."[78]

Das letzte, von den Deutschen gerettete Deuterium (600 Kg), versuchten diese über den Tinnsee zu verschiffen. Am 20. Februar 1944 gelang es einer Linge- Einheit unter der Leitung von Haukelid mit Hilfe lokaler Widerständler, die Fähre SF Hydro zu versenken und das letzte Deuterium somit zu zerstören. Der Wehrmachtsbericht vom 12. März 1944 bestätigt die Zerstörung der Fähre.[79]

Als 1945 die Niederlage Hitler- Deutschlands Gewissheit wurde, plante der Widerstand in Norwegen das Vorgehen zur Bestrafung von Sympathisanten des Regimes. So wies die Heimatfront alle Distriktleitungen an, die Namen von Norwegern in NS, Hird, anderen NS-Organisationen, im Arbeits- Rekrutierungsdienst und aller, die während der Besatzung gegen norwegische Landsleute gearbeitet hatten, zu notieren.[80] Es wurden alle militärischen Einheiten des Widerstands aufgerufen, in Bereitschaft zu bleiben und zu verhindern, dass Kommunikationslinien, Kraftwerke und Häfen durch die Deutschen zerstört werden konnten. Nach Abzug der Deutschen war eine Kraft nötig, die für Ruhe und Ordnung im Land sorgte, bis eine autorisierte Regierung die Regierungsangelegenheiten wieder übernommen hatte. Vermehrt wurden nun in den Distrikten Radiotransmitter verteilt, damit die SHAEF durch die FO schneller direkte Verbindungen zur *Milorg* herstellen konnte.[81] Pläne zur Aufstockung der Hird von Januar bis April 1945, von 3000 auf 12.000 Mann, sabotierte die Heimatfront, indem sie die Familien der Hird- Mitglieder über deren Tätigkeiten informierten und ihnen die Todesstrafe nach Kriegsende androhte. Am 9. Mai, einem Tag nach der deutschen Kapitulation, ergaben sich Quisling und seine Regierung in der Osloer Polizeistation, die zuvor durch die Oslobande und Sønsteby übernommen wurde.[82] Die Regierungsangelegenheiten wurden wie geplant durch die Heimatfront übernommen und am 14. Mai übergab man schließlich den norwegischen Autoritäten die Regierungsmacht.

---

[78] DAHM 2008 (Bd. 6), S. 1021.
[79] DAHM 2008 (Bd.6), S. 1250.
[80] Zur dritten Phase des Widerstandes (militärischer Widerstand) vgl. auch HALVORSEN 1991, S. 347-.350.
[81] GJELSVIK 1979, S. 199.
[82] Ebd., S. 212.

5. Schluss

Wenn von den jüdischen Norwegern abgesehen wird, so gab es, anders als in Serbien, Russland oder Polen keine rassisch motivierten Progrome, da die Norweger in der nationalsozialistischen Rassenideologie „reine Germanen" waren. Somit wurden sie von polizeilichem Terror verschont, was jedoch nicht die Entstehung gut vernetzter Widerstandsorganisationen verhinderte.[83] Anfangs stand der zivile Widerstand, der mit dem Bekenntnis zu den demokratischen Traditionen des Landes zu einer Manifestierung einer anti-nationalsozialistischen Haltung beitrug. Der zivile Widerstand untergrub das Fundament des NS-Regimes in breiten teilen der Bevölkerung und verhinderte 1942 die ideologische Indoktrinierung vor allem der Jugend Norwegens. Sie verbuchten sowohl auf ideologischer, als auch auf politischer Ebene einen klaren Erfolg. Hierbei spielte die illegale Presse – wenn in dieser Arbeit auch nur am Rande behandelt – eine weitere, wichtige Rolle: Sie sorgte für die permanente Information des Volkes über den Kriegsverlauf an den Fronten und vor allem über die Vorgänge im Inland durch eine Vielzahl an Zeitungen, Flugblättern, Kettenbriefen und Klebezetteln. Hinzu kam das Radio, da König Håkon VII. durch die BBC das Volk zum Durchhalten (Holdningskamp) aufrief.

Die Überwindung der deutschen Okkupation und ein Verhindern des norwegischen Beitrags zur Kriegsökonomie Deutschlands konnten aber auf diese Weise nicht realisiert werden. Mit dem Wendepunkt der Kriegsgeschehnisse 1943 und dem damit verbundenen wachsendem Willen die Besatzungsmacht des Landes zu verweisen, mussten andere Mittel und Wege gefunden werden die Ziele des Widerstandes zu erreichen.[84] So belegt diese Arbeit die Notwendigkeit von Anschlägen des Widerstands gegen die Besatzungsmacht als Mittel den Kriegsausgang unmittelbar zu beeinflussen.

Im Allgemeinen wurden in dieser Arbeit – aus heutiger Sicht – positive Aspekte des Verhaltens der Norweger im Kampf gegen die Besatzungsmacht angeführt. Diese einseitige Betrachtungsweise ist dem Thema geschuldet und ließ in diesem Rahmen keine tiefgehende Auseinandersetzung mit der Kollaboration, der Schattenseite der Besatzungszeit von 1940-45 zu. Eine kritische Auseinandersetzung mit der Besatzungszeit und der Verbindung von Einheimischen zum Regime ist in der norwegischen Geschichtswissenschaft ein schwieriges Unterfangen. So beschreibt Rolf Hobson die Qualität der Masse der norwegischen Arbeiten als Erinnerungspflege und weniger als Forschung, die „durch Hunderte von

---

[83] Bohn 1995, S. 481.
[84] HALVORSEN 1991, S. 344.

Veröffentlichungen das kollektive Kriegsbewusstsein prägte."[85] Folge einer unbewussten Annahme, dass das Böse von außen gekommen ist, war das Verschweigen der Taten der eigenen Bösen.[86]

6. Literatur- und Quellenverzeichnis

„Armed Forces Agreement 28th May 1941" aus:

http://home.online.no/~gestrom/history/treaties.htm (Stand: 17.10.2012)

BOHN, Robert: Die Instrumentarien der deutschen Herrschaft im Reichskommissariat Norwegen, in: BOHN, Robert (Hrsg.): Die deutsche Herrschaft in den „germanischen" Ländern 1940-45 (Historische Mitteilungen Beihefte, Bd. 26), Stuttgart 1997.

BOHN, Robert: „Ein solches Spiel kennt keine Regeln.", Gestapo und Bevölkerung in Norwegen und Dänemark, in: Gerhard, Paul (Hrsg.): Die Gestapo – Mythos und Realität, Darmstadt 1995.

BOHN, Robert: Reichskommissariat Norwegen. Nationalsozialistische Neuordnung und Kriegswirtschaft (Beiträge zur Militärgeschichte, Bd. 54), München 2000.

BORGERSUND, Lars: Die Wollweber-Organisation und Norwegen, Berlin 2001.

DAHL, Per F.: Heavy Water and the Wartime Race for Nuclear Energy, London 1999.

DAHM, Volker (Hrsg.): Meldungen aus Norwegen 1940-1945. Die geheimen Lageberichte des Befehlshabers der Sicherheitspolizei und des SD in Norwegen (Texte und Materialien zur Zeitgeschichte, Bd. 6), München 2008.
DAHM, Volker (Hrsg.): Meldungen aus Norwegen 1940-1945. Die geheimen Lageberichte des Befehlshabers der Sicherheitspolizei und des SD in Norwegen (Texte und Materialien zur Zeitgeschichte, Bd. 1), München 2008.

---

[85] HOBSON, Rolf: Die weißen Flecken in der norwegischen Geschichtsschreibung, in: BOHN, Robert (Hrsg.): Vergangenheitspolitik und Erinnerungskulturen im Schatten des Zweiten Weltkriegs, Deutschland und Skandinavien seit 1945, Essen 2008, S. 98.
[86] Ebd., S. 98.

De JONG, L.: Zwischen Kollaberation und Réstistance, in: Das Dritte Reich und Europa, Berichte über die Tagung des Instituts für Zeitgeschichte in Tutzing, 1956, S. 142.

FOOT, Michael R. D.: Was SOE Any Good?, in: Journal of Contemporary History, Vol. 16, No. 1.

GJELSVIK, Tore: Norwegian Resistance 1940-1945, London 1979.

HALVORSEN, Terje: Zwischen London und Berlin. Widerstand und Kollaboration in Norwegen 1940-45, in: BOHN, Robert (Hrsg.): Neutralität und totalitäre Aggression. Nordeuropa und die Großmächte im Zweiten Weltkrieg (Historische Mitteilungen Beihefte, Bd. 1), Stuttgart 1991.

HOBSON, Rolf: Die weißen Flecken in der norwegischen Geschichtsschreibung, in: BOHN, Robert (Hrsg.): Vergangenheitspolitik und Erinnerungskulturen im Schatten des Zweiten Weltkriegs, Deutschland und Skandinavien seit 1945, Essen 2008.

LENZ, Claudia: Haushaltspflicht und Widerstand. Erzählungen norwegischer Frauen über die deutsche Besatzung 1940-1945 im Lichte nationaler Vergangenheitskonstruktionen (Studien zum Nationalsozialismus in der Edition Diskord, Bd. 7), Tübingen 2003.

MAERZ, Susanne: Die langen Schatten der Besatzungszeit. Vergangenheitsbewältigung in Norwegen als Identitätskurs (Nordeuropäische Studien, Bd. 20), Berlin 2008.

MANN, Christopher: Combined Operations, tho Comandos, and Norway, 1941-1945, in: The Journal of Military History 73 (April 2009).

MEZ, Lutz: Ziviler Widerstand in Norwegen, Frankfurt am Main 1976.

PETRICK, Fritz: Die Okkupationspolitik des deutschen Faschismus in Dänemark und Norwegen (1940-1945) (Bd.7), Berlin 1992.

WHEELER, Mark: The SOE Phenomenon, in: Journal of Contemporary History, Vol. 16, No. 3 (1981).